入学综合能力培养系列

陈转利
马歆昕 编
张维娜

同步练习与评估

阅读

西安交通大学出版社
XI'AN JIAOTONG UNIVERSITY PRESS

国家一级出版社
全国百佳图书出版单位

图书在版编目（CIP）数据

同步练习与评估. 阅读 / 陈转利，马歆昕，张维娜
编. — 西安：西安交通大学出版社，2023.3
ISBN 978-7-5693-2087-9

Ⅰ. ①同… Ⅱ. ①陈… ②马… ③张… Ⅲ. ①阅读课
–学前教育 – 教学参考资料 Ⅳ. ①G613

中国版本图书馆CIP数据核字（2023）第034807号

同步练习与评估　阅读
TONGBU LIANXI YU PINGGU　YUEDU

编　　者	陈转利　马歆昕　张维娜
策划编辑	郑　磊　刘志巧
责任编辑	刘志巧
责任校对	于睿哲
封面设计	金　辉
插图绘制	肖　磊

出版发行　西安交通大学出版社
　　　　　　（西安市兴庆南路1号　邮政编码　710048）
网　　址　http://www.xjtupress.com
电　　话　（029）82668357　82667874（市场营销中心)
　　　　　　（029）82668315（总编办）
传　　真　（029）82668280
印　　刷　陕西思维印务有限公司

开　　本　889 mm×1194 mm　1/16　**印张**　6.75　**字数**　88千字
版次印次　2023年3月第1版　2023年3月第1次印刷
书　　号　ISBN 978-7-5693-2087-9
定　　价　35.00元

如发现印装质量问题，请与本社市场营销中心联系调换。
订购热线（029）82668851　（029）82668852
投稿热线（029）82664981

前　言

　　阅读是一种兴趣、一种习惯，更是一种能力。3~6 岁是儿童语言能力发展的关键时期，这一时期的儿童通过早期阅读可以逐渐产生对书面语言的敏感性，丰富阅读经验，提高阅读能力，为进入小学阶段进行书面语言的学习打下良好的基础。因此要重点把握这一时期。

　　对于即将升入小学的儿童来说，面对小学在阅读能力发展要求上的明显差异，一定要选用合适的材料，找到一个适宜的衔接路径，循序渐进，实现阅读能力的显著提升。本书正是针对学前儿童的身心特点，参考义务教育语文课程标准，结合一线老师的教学经验，精心编写的帮助孩子加强学前阅读能力、增加识字量的练习用书。

　　全书设置 16 个单元，每个单元围绕一定的生字量由浅入深地设计了不同类型的练习题。内容上，从识字到组词，再到连词成句、看图讲故事，既有基础知识的巩固，也有适当的拔高。形式上，配备大量的图片，并辅以多样的练习形式，如连一连、涂一涂、圈一圈、画一画等，大大提高了练习的趣味性，从而激发幼儿的学习兴趣和求知欲望，让孩子有一个轻松愉快的学习状态，提高学习效果。

　　衷心希望即将迎来小学生涯的小朋友们能够通过本书收获知识和快乐，提升阅读能力，自信满满地走进小学校园。

目　录

一、认一认，连一连

仔细看图，将图片和对应的汉字连起来。

墙　　牛　　树

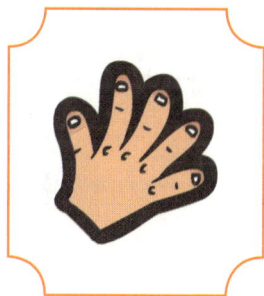 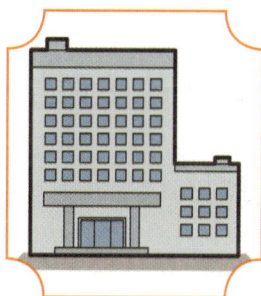 

花　　手　　楼

读一读下面的字，找一找蝴蝶身上的字和哪朵花可以组成词，把这朵花圈出来。

 高

牛　　花　　楼　　春

 牵

不　　手　　虫　　爬

 行

叭　　挂　　细　　人

三、想一想，连一连

联系生活实际，将下面的动词与相关的图片连起来。

爬　　　躺　　　吹　　　滑

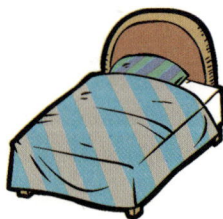　　　

观察下面的汉字，将相同偏旁的汉字分到同一个房子里。

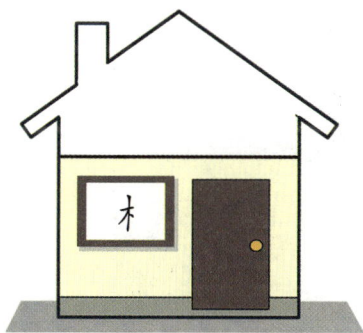

①楼　②滑　③树　④吹　⑤滴

⑥呱　⑦梯　⑧喇　⑨叭

木　　口　　氵

五、选一选，填一填

选择恰当的量词，把序号填在横线上。

①朵　　②只　　③头　　④面　　⑤棵　　⑥个

1.一_____鲜花　　2.一_____大象

3.一_____红旗　　4.一_____大树

5.一_____蜗牛　　6.一_____喇叭

仔细观察画面，按照提示说一说。

1. 请你给这个故事起个题目：＿＿＿＿＿＿＿

2. 我会这样说：

在一个＿＿＿＿＿＿（形容词）的＿＿＿＿＿＿（时间），

＿＿＿＿＿和＿＿＿＿来到＿＿＿＿＿（地点）＿＿＿＿＿（干

什么）。远处有一棵＿＿＿＿＿＿（形容词）的大树，近处有

＿＿＿＿＿＿（形容词）的花朵，天空中的＿＿＿＿＿＿（名词）也

在为他们喝彩，他们玩得很＿＿＿＿＿（形容词）。

七、比一比，填一填

观察图片，选出合适的字在田字格中写一写。

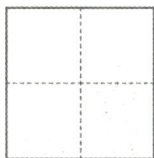
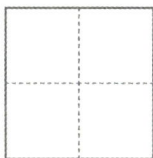

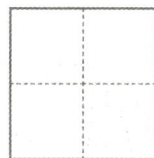

（粗　细）　　　　　　　　　　（低　高）

八、描一描，写一写

请将下面的生字先描一描，再试着写一写。

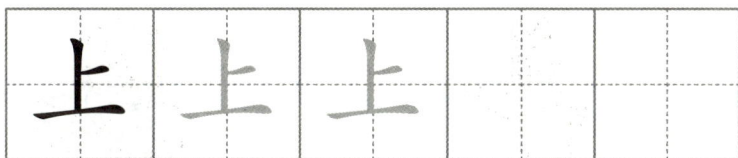

自我评价

书写漂亮 ☺☺☺☺　　书写较好 ☺☺☺　　有待进步 ☺☺

一、认一认，连一连

仔细看图，将图片和下面对应的汉字连起来。

狼　　　　兔　　　　鼠

怕　　　　笑　　　　哭

读一读下面的字，仿照示例把左边的篮球投入右边合适的球篮内，组成正确的词语。

例：

观察图片，与右面对应的形容词连起来。

大

小

明

暗

四、选一选，填一填

选择恰当的动词，把序号填在横线上。

①跑　　②走　　③钻　　④喊　　⑤跳　　⑥哭

1. 一条小蛇_____进洞里。

2. 小松鼠大声地_____道："你们别打了！"

3. 一听到音乐，弟弟就立刻_____起舞来。

4. 妹妹的玩具坏了，她伤心地_____了起来。

5. 小明是运动员，_____起来像飞一样快。

6. 我们在小路上慢慢地_____着。

五、想一想，连一连

把上下两行意思相反的字连起来。

笑　　好　　大　　多

坏　　少　　哭　　小

观察下面的汉字，将表示动作的词和表示名称的词放进对应的筐子里。

① 松鼠　　② 跑　　③ 钻　　④ 喊　　⑤ 妖怪

⑥ 走　　⑦ 哭　　⑧ 狼　　⑨ 狐狸

名称　　　　　　动作

七、看一看，说一说

仔细观察画面，按照提示说一说。

1. 图中都有哪些人？

2. 他们都在做什么？

3. 他们此刻的心情怎么样？

八、描一描，写一写

请将下面的生字先描一描，再试着写一写。

好	好	好		

坏	坏	坏		

怕	怕	怕		

自我评价

书写漂亮 ☺☺☺☺   书写较好 ☺☺☺   有待进步 ☺☺

一、认一认，连一连

仔细看图，将左边的图片和右边的汉字对应连一连。

紫

黄

蓝

绿

红

读一读下面的短语，看看加点的量词使用是否正确，对的在□中画"√"，错的画"×"。

例：四件高大的房子　×

一头可爱的小兔子　□　　　五条黄色的袜子　□

一双美丽的白云　□　　　三件红色的花朵　□

六只勤劳的小蜜蜂　□　　　四支绿色的铅笔　□

联系实际，将代表颜色的文字和彩虹上对应的颜色连起来。

橙　　紫　　靛

黄　蓝　红　绿

仔细观察，在下面句子中的横线上填上正确的字。

1. 一共有＿＿＿＿＿只蝴蝶。

2. 一共有＿＿＿＿＿种不同颜色的蝴蝶。

3. ＿＿＿＿＿颜色的蝴蝶数量最多。

4. 一共有四只＿＿＿＿＿色的蝴蝶。

5. 图中有一只花蝴蝶，数一数，它的翅膀上有＿＿＿＿＿种颜色。

把图片与对应的汉字连起来，并为右侧的小朋友穿一穿。

袜子

褂子

鞋子

帽子

裤子

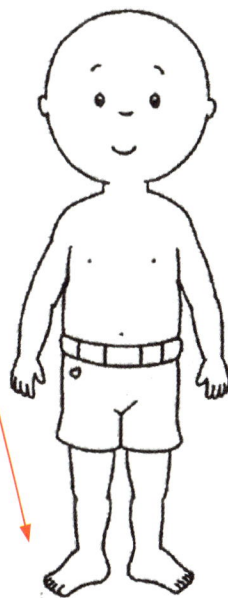

观察下面汉字，将偏旁是"衤"的汉字找出来，放到下面的衣柜里。

①被　②裤　③泡　④裙　⑤礼
⑥袜　⑦祝　⑧袍　⑨褂

仔细观察画面，按照提示说一说，完成填空。

1. 图中展示的是什么场所？

2. 图中一共出现了_____头大象，_____只长颈鹿，_____只大熊猫，四_____小朋友，还有六_____小蝌蚪。

（注：数字填写请用汉字）

请将下面的生字先描一描，再试着写一写。

双	双	双		

两	两	两		

红	红	红		

自我评价

书写漂亮 ☺☺☺☺　　书写较好 ☺☺☺　　有待进步 ☺☺

一、认一认，连一连

仔细看图，把图片和相关的词语连起来。

黑色的石头

黑色的汽车

黑色的猫

黑色的蚂蚁

黑色的书包

　　找到能与小兔子篮子上的汉字组成词语的蘑菇，涂上与篮子相同的颜色。

发　　书　　面　　石

树　　落　　回　　豆

叶　　头　　包

　　选择合适的字词填在横线上。

1. 弯弯的_____挂在夜晚的天空中。

　　①太阳　　　　　　②月亮

2. 我很爱吃黑_____。

　　①豆子　　　　　　②苹果

3. 秋天到了，树上的叶子变_____了。

　　①黑　　　　　　②黄

4. 小船儿静静地停在_____面上。

　　①河　　　　　　②楼

下面的每个汉字都是由两部分组成的，找一找，连一连。

| 宀 | 虫 | 灬 | 口 | 扌 |
| 戈 | 马 | 里 | 豕 | 十 |

 蚂　 家　 找　 黑　 叶

根据图片圈出对应的字。

走　　跑

头　　豆

石　　沙

划　　游

选择正确的词语进行填空。

小河　　　　草原　　　　土地　　　　天空　　　　树林

1.＿＿＿＿＿是白云的家。　　　2.＿＿＿＿＿是小鸟的家。

3.＿＿＿＿＿是鱼儿的家。　　　4.＿＿＿＿＿是种子的家。

5.＿＿＿＿＿是马儿的家。

七、看一看，说一说

仔细观察画面，按照提示说一说。

1.说一说图中都有哪些动物，它们都在做什么运动？

2.有几个动物在参加拔河运动？

3.灰色的猫咪参加了几个运动？

请将下面的生字先描一描，再试着写一写。

石	石	石		

豆	豆	豆		

包	包	包		

自我评价

书写漂亮 ☺☺☺☺　　书写较好 ☺☺☺　　有待进步 ☺☺

一、认一认，连一连

把词语和它们相应的冷热感觉连起来。

北极　　暖水袋　　冰块　　火炉

雪花　　开水　　雪糕

热　　　　冷

二、认一认，连一连

读一读下面的文字，找出它们的反义词并连起来。

东　　冷　　黑　　南　　下

西　　北　　上　　热　　白

下面每组词语中有一个是不同类的，请你圈出来。

1. 夏天　　冬天　　秋天　　阴天　　春天

2. 汽车　　飞机　　轮船　　火车　　手机

3. 狐狸　　朋友　　小狗　　老虎　　兔子

4. 搭　　跑　　叫　　手　　走

四、认一认，分一分

观察下面的汉字，将偏旁相同的汉字找出来，把序号写在对应的盘子里。

①冰　　②雪　　③雷　　④河　　⑤冷

⑥沟　　⑦温　　⑧霜　　⑨冻

观察图片，圈出正确的词语。

冰块　　并块

房子　　方子

霜人　　雪人

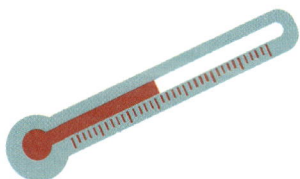

文度计　　温度计

读句子，选出正确的字填在横线上。

①东　　②西　　③南　　④北

1. 中国的＿＿＿＿＿方地区冬天非常寒冷。

2. 中国的＿＿＿＿＿方地区很少下雪。

3. 秋天到了，大雁成群结队地向＿＿＿＿＿方飞去。

4. 太阳每天都会从＿＿＿＿＿方升起，从＿＿＿＿＿方落下。

请爸爸妈妈帮忙找一幅中国地图贴在方框里，然后根据地图回答问题。

1. 观察地图，找出你的家乡所在的省份并圈出来。

2. 说一说你的家乡在中国的哪个地区，周围有哪些省份，这些省份分别在你家乡的哪个方向。

八、描一描，写一写

请将下面的生字先描一描，再试着写一写。

冰	冰	冰		

冻	冻	冻		

冷	冷	冷		

自我评价

书写漂亮 ☺☺☺☺　书写较好 ☺☺☺　有待进步 ☺☺

一、认一认，填一填

看图写字，把"爸爸""妈妈""爷爷""奶奶"写在对应的图片下方。

读一读左边的词语，找出对应的工具并连一连。

扫地

浇花

做算术

种树

写字

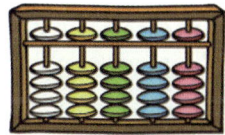

排列下面的词语，让它们变成完整的句子。

1. 爱　　　我　　　糖果　　　吃
　　○　　　①　　　○　　　○

2. 爸爸　　院子里　　在　　浇花
　　○　　　○　　　○　　　○

3. 糖葫芦　　我　　爷爷　　给　　买了
　　○　　　○　　　○　　　○　　　○

4. 去　　朋友　　种树　　和　　他
　　○　　　○　　　○　　　○　　　○

四、找一找，圈一圈

下面每组字词中有一个是不同类的，请你圈出来。

1. 浇花　　种树　　扫地　　糊涂

2. 说　　不　　摇　　叫

3. 爸爸　　妈妈　　爷爷　　葫芦

4. 脑袋　　嘴唇　　拨浪鼓　　耳朵

三只小猫在钓鱼。能与小猫身上的字组词的鱼就是小猫钓到的鱼。快帮小猫连一连吧。

六、想一想，填一填

联系生活实际，选择正确的词语完成下面的句子。

① 爸爸   ② 妈妈

1. ＿＿＿＿＿的爸爸是爷爷。

2. 爸爸的＿＿＿＿＿是奶奶。

3. ＿＿＿＿＿的爸爸是姥爷 / 外公。

4. 妈妈的＿＿＿＿＿是姥姥 / 外婆。

七、看一看，说一说

仔细观察画面，按照提示说一说。

1. 图中一共有几个人，猜猜他们之间是什么关系？

2. 说一说你们家有几个人，分别是谁。

请将下面的生字先描一描，再试着写一写。

爸	爸	爸		

妈	妈	妈		

友	友	友		

自我评价

书写漂亮 ☺☺☺☺　　书写较好 ☺☺☺　　有待进步 ☺☺

一、认一认，连一连

仔细看图，将左边的图片与它们的特点及对应的汉字连起来。

 爱吃骨头的 小狗

 喵喵叫的 小猪

 扁嘴巴的 小猫

 胖嘟嘟的 小鸭

 咩咩叫的 小羊

请找出合适的词语，圈出来。

（　　　　　）的梦　　　　高高　　（甜甜）　　冰冷

（　　　　　）的草原　　　广阔　　火热　　可爱

（　　　　　）的房子　　　矮矮　　软软　　动听

（　　　　　）的夏天　　　洁白　　炎热　　黑色

（　　　　　）的天空　　　蓝蓝　　雪白　　长长

（　　　　　）的蜜蜂　　　凉凉　　勤劳　　坚硬

（　　　　　）的狮子　　　凶猛　　绿色　　甜甜

三、认一认，填一填

读一读下面的词语，找出表示动物的词语，把序号写在方框中。

①小猫　　②小狗　　③汽车　　④房子　　⑤小鸭
⑥小猪　　⑦狐狸　　⑧花朵　　⑨蘑菇　　⑩兔子

动　物	

下面的糖果与哪个糖果瓶上的字可以组成词语，就涂上与糖果瓶相同的颜色。

睡　　眼　　梦

觉　　做　　沉　　美

睛　　想　　球　　衣

读一读下面的句子，对的画"√"，错的画"×"。

1. 小猪很高兴，喵喵喵地叫着回家了。　☐

2. 小鸭子长着一对长长的耳朵。　☐

3. 勤劳的小蜜蜂天天忙着采花蜜。　☐

4. 猫的尾巴就像一把漂亮的大扇子。　☐

5. 大象有着长长的鼻子和大大的耳朵。　☐

仔细观察画面，按照提示说一说。

1. 说一说图中都有哪些动物。

2. 说一说它们都梦到了什么。

七、想一想，连一连

找到意思相反的字连一连。

| 凉 | 来 | 高 | 甜 |

| 苦 | 热 | 去 | 低 |

请将下面的生字先描一描，再试着写一写。

羊	羊	羊		

梦	梦	梦		

眼	眼	眼		

自我评价

书写漂亮 ☺☺☺☺　　书写较好 ☺☺☺　　有待进步 ☺☺

一、连一连，读一读

根据图片连线。

风扇呼呼吹

小鼓咚咚响

小狗汪汪叫

大雨哗哗下

你认识下面这些动物吗？请说出它们的名字，并给它们分分类。

① ② ③

④ ⑤ ⑥

⑦ ⑧ ⑨

天上飞的：	地上跑的：	水里游的：

三、读一读，排一排

读一读下面的词语，想一想如何连成一句话，把序号写在○里。

1. 虫子　　　啄木鸟　　　吃

○　　　○　　　○

2. 爷爷　　　病　　　治好了　　　医生　　　的

　　○　　　　○　　　　○　　　　○　　　　○

3. 敲门声　　　我　　　咚咚　　　听到　　　的

　　○　　　　○　　　　○　　　　○　　　　○

四、选一选，圈一圈

看图片，想一想，圈出正确的量词。

一（片/张）树叶

一（头/台）奶牛

一（条/个）蛇

一（些/棵）树

仔细观察图片里的字，根据要求涂上相应的颜色。

给偏旁为"疒"的汉字涂上红色。

给偏旁为"木"的汉字涂上蓝色。

病　枯　桥　林　材

痛　板　疼　树

六、读一读，想一想，画一画

读句子，想一想小朋友们这样做对不对。对的在（　）里画"√"，错的在（　）里画"×"。

1. 小强拿着粉笔在老师的课桌上画画。　　　（　　）

2. 小明拿着剪刀在屋里跑来跑去。　　　（　　）

3. 很晚了，贝贝还在看动画片。 （ ）

4. 妈妈下班了，丽丽给妈妈倒水喝。 （ ）

5. 小刚只喜欢吃肉，不喜欢吃蔬菜。 （ ）

七、看一看，写一写，说一说

仔细观察图片，完成下面的问题。

（ ）　　　（ ）　　　（ ）　　　（ ）

1. 在（ ）里填写正确的序号，并说一说你的理由。

2. 为图片中的主人公取一个名字，并讲一讲它的故事。

3. 你还知道其他动物的成长小故事吗？快来讲一讲吧！

请将下面的生字先描一描，再试着写一写。

皮	皮	皮		

木	木	木		

飞	飞	飞		

自我评价

书写漂亮 ☺☺☺☺　　书写较好 ☺☺☺　　有待进步 ☺☺

一、认一认，找一找，连一连

仔细看图，将图片与对应的描述连起来。

美丽的	夜晚
叮铃铃响的	奶奶
慈祥的	日出
甜蜜的	闹钟
安静的	梦乡

读一读下面的词语，找出和其他词语不同类的，用〇画出来。

1. 耳朵　鼻子　眼睛　星星

2. 闹钟　手表　电视　挂钟

3. 开心　声音　高兴　紧张

4. 太阳　早上　晚上　中午

读一读星星里的字，把意思相反的字连起来。

高　　　　　　暗

紧　　　　　　低

明　　　　　　晚

早　　　　　　松

按照示例，找出缺少的偏旁，圈出来。

例：（　　　）+ 中 ——→ 钟　　

（　　　）+ 免 ——→ 晚　　口　日

（　　　）+ 少 ——→ 吵　　氵　口

（　　　）+ 市 ——→ 闹　　门　口

（　　　）+ 夬 ——→ 决　　冫　氵

五、认一认，找一找，分一分

观察苹果上的汉字，将有相同偏旁的分到同一个盘子里。

①说　②流　③拧　④汗　⑤话

⑥海　⑦记　⑧捂　⑨挂

 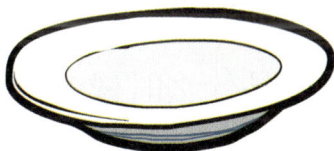 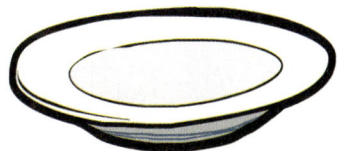

观察汉字，用"√"选出正确的字。

1. 我们（今　令）天去了游乐场。

2. 教室里传出一阵（吵　抄）闹声。

3. 雨水顺着玻璃（溜　流）下来。

4. 我听见午夜的（种　钟）声敲响了。

5. 今晚的（液　夜）色真美啊！

6. 老师说明天有（音　暗）乐课。

（星期天晚上，佳佳睡觉前给自己定了一个闹钟，他想星期一第一个到班里，可是……）

仔细观察图片，按照提示说一说。

1. 说一说每张图片分别是什么时候。

2. 说一说图片中的人在干什么。

请将下面的生字先描一描，再试着写一写。

心	心	心		

耳	耳	耳		

今	今	今		

自我评价

书写漂亮 ☺☺☺☺　　书写较好 ☺☺☺　　有待进步 ☺☺

一、想一想，连一连

读一读鸡宝宝身上的字，帮助它们找到对应的拼音，用线连起来。

| mǐ | lǎo | zhǔ | wáng | yù |

主　玉　米　王　老

二、读一读，填一填

请你读一读下面的句子，填上正确的标点符号。

1. 走过小路 □ 我看到田野里堆放着好多金黄的玉米 □

2. 早晨 □ 我背着书包早早地去了学校 □

3. 今晚的月亮真圆啊 □

4. 小老鼠 □ 上灯台 □ 偷油吃 □ 下不来 □

5. 我喜欢小狗和小金鱼 □

题目的五个句子中有_____个逗号，有_____个句号，有_____个叹号。

根据图片找到词语，然后分类连一连。

气球

玉米

什么随风飘？

云朵

什么地上跑？

小狗

什么可以吃？

红旗

老鼠

选择恰当的量词，把序号填在横线上。

①粒　　②片　　③束　　④个　　⑤双　　⑥只

1.妈妈送了我一_____新球鞋。

2.我看到几只蚂蚁抬着一_____米。

3.弟弟说他在桌子下面看到一_____小老鼠。

4.母亲节到了，我给妈妈送了一_____花。

5.我有一_____好朋友。

6.树上有一_____叶子落下来。

五、想一想，连一连

把能组成词语的种子和花朵对应连起来。

士　　主　　国　　玉

王　　石　　兵　　要

按照示例完成下面的题目，在 □ 里写出正确答案。

例：埋 = 土 + 里

1. 灯 = □ + □

2. 肚 = □ + □

3. 飘 = □ + □

4. 种 = □ + □

七、看一看，说一说

（每个小朋友都有自己的好朋友，放学了会和好朋友一起玩游戏、做作业……你和好朋友一起做过什么呢？）

仔细观察图片，按照提示说一说。

1. 说一说，图片里的好朋友都在干什么？

2. 说一说，你和你的好朋友发生过什么有趣的事。

请将下面的生字先描一描，再试着写一写。

米	米	米		

气	气	气		

王	王	王		

自我评价

书写漂亮 ☺☺☺☺	书写较好 ☺☺☺	有待进步 ☺☺

一、找一找，圈一圈

仔细观察，找出不能与篮子上的汉字组词的水果，圈出来。

篮子：皮
球　鞋　宝

篮子：美
丽　路　好

篮子：拖
知　鞋　车

二、想一想，选一选

仔细思考，选出合适的汉字或词语填在括号里。

1. （　　）的地板　　（　　）地笑　　（　　）的表演

① 开心　　② 光滑　　③ 精彩

2. 一（　　）鱼　　一（　　）鞋　　一（　　）床

① 双　　② 张　　③ 条

3. （　　）笛子　　（　　）电视　　（　　）音乐

① 吹　　② 听　　③ 看

词语接龙。快帮小火车找到它的车厢吧。

拖鞋

宝贝

子女

珠宝

鞋子

贝壳

道路

知道

路过

仔细观察，想一想汉字减一笔后变成了哪个字，把它圈出来。

1. 本 – 一 = 　　　　 人　木

2. 自 – 一 = 　　　　 白　目

3. 千 − 丿 = ☐   干   十

4. 兵 − 丶 = ☐   乒   兵

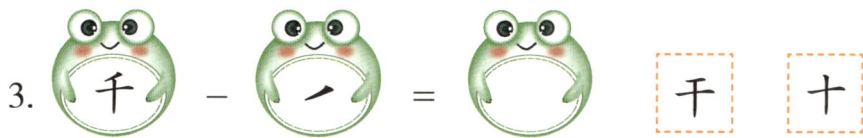

五、说一说，找一找，连一连

说一说蝴蝶身上的汉字的偏旁是什么，找到对应的花朵连起来。

跑   妈   好   踢

足   女   扌

路   拉   拍   奶   拖

六、看一看，想一想，说一说

（天阴沉沉的，突然下起雨来，小动物们都在躲雨，有的小动物看了天气预报带了伞，有的……不一会儿，天晴了。）

仔细观察图片，按照提示说一说。

1. 图片里的小动物们在做什么？天气怎么样？

2. 你喜欢下雨天吗？说一说你在下雨天遇到过的事情。

七、想一想，写一写

读句子，选出合适的字填在横线上。

1. 太阳从_____边升起，从_____边落下。

①东 ②南 ③西 ④北

2. 长颈鹿的个子_____，小兔的个子_____。

①胖 ②瘦 ③高 ④矮

3.我们要多做_____事，不做_____事。

①好　②坏　③快　④慢

4.我们班里男生_____，女生_____。

①大　②小　③多　④少

八、描一描，写一写

请将下面的生字先描一描，再试着写一写。

开	开	开		

宝	宝	宝		

床	床	床		

自我评价

书写漂亮 ☺ ☺ ☺ ☺　书写较好 ☺ ☺ ☺　有待进步 ☺ ☺

一、读一读，涂一涂

读一读花朵里的词，把属于食物的涂上红色，不是食物的涂上蓝色。

 牛奶

 苹果

 大象

 香气

 小草

 口渴

二、读一读，连一连

为每个词语找到对应的图片并连起来。

青草　　米饭　　奶牛　　香蕉

选择恰当的词语填在( )里，将句子补充完整。

① 口渴　　② 苹果　　③ 正在　　④ 牛奶

1. 秋天来了，成熟的（　　　）挂在树上，沉甸甸的。

2. 多喝水就不会（　　　）了。

3. 他每天早晨都会喝一杯（　　　）。

4. 草丛旁有两只兔子，它们（　　　）吃青草。

找出不同种类的一项并圈出来。

1. 牛　　猴　　象　　鸟

2. 夏天　　天空　　冬天　　秋天

3. 青草　　香蕉　　苹果　　西瓜

先说一说图片中都是什么动物，再想一想它们有什么特点，与对应的词语连一连。

爬呀爬

飞呀飞

跳呀跳

游呀游

下列短语搭配正确的在（　　）里画"√"，搭配错误的在（　　）里画"×"，并试着改正。

一个鸡（　　　）　　　　　　一个桃子（　　　）

一只马（　　　）　　　　　　两张桌子（　　　）

一条狗（　　　）　　　　　　一支香蕉（　　　）

一块灯（　　　）　　　　　　一件衣服（　　　）

仔细观察下列图片，按要求把物品圈出来。

◆圈出游泳圈、太阳镜、帆船和螃蟹

◆圈出风筝、纸飞机、黄色鞋子和白色裙子

请仔细观察图片，按要求说一说。

①

②

③

④

⑤

⑥

序幕：

> 虎大哥和鼠小弟是非常要好的朋友。
>
> 这天，鼠小弟好不容易用积木搭了一座漂亮的城堡。
>
> 突然……

1. 仔细看一看，每张图片都发生了什么？

2. 按顺序把图片内容串连起来，讲一个完整的故事。

3. 如果你和好朋友发生了不愉快的事，你会怎么做？

请将下面的生字先描一描，再试着写一写。

果	果	果			

香	香	香			

长	长	长			

自我评价

书写漂亮 ☺☺☺☺　　书写较好 ☺☺☺　　有待进步 ☺☺

一、找一找，圈一圈，读一读

小猫咪，爱吃鱼。请你找到能和小猫身上汉字组词的小鱼，把它圈起来，再把词语读出来。

白	主	天	朵
变	水	化	色
药	鸦	品	水

二、读一读，涂一涂

把写有动物名称的卡片涂成黄色，把写有花朵名称的卡片涂成红色。

牵牛花	棕熊	牡丹	乌鸦
紫罗兰	玫瑰	丁香花	大象

把下面的字加一笔变成新的汉字，再给新字口头组词。

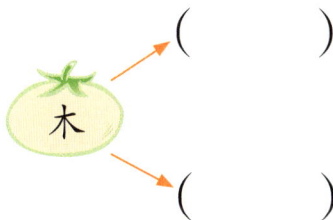

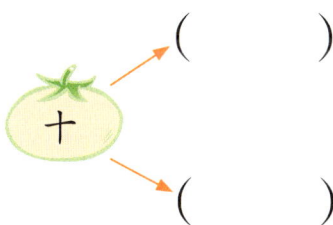

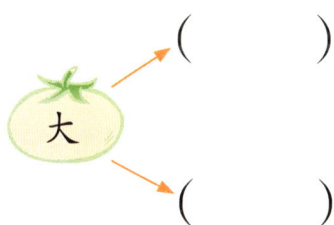

木 → （　　　）
（　　　）

二 → （　　　）
（　　　）

十 → （　　　）
（　　　）

大 → （　　　）
（　　　）

四、读一读，连一连

把颜色与对应的事物连起来。

黄澄澄的　　　　　　脸蛋

红扑扑的　　　　　　麦穗

黑漆漆的　　　　　　小草

绿油油的　　　　　　夜晚

五、认一认，写一写

认一认下面的标点符号，想一想它们的用法，然后填入下面的句子中。

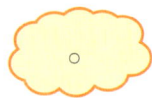    

句号　　逗号　　冒号　　引号　　叹号

1. 年龄最大的那只鸟听到这个消息（　　）心想（　　）（　　）如
果我们能变成彩色的鸟儿（　　）那该多么漂亮呀（　　）（　　）

2. 后来（　　）人们把这种黑色的鸟儿叫作乌鸦（　　）

六、看一看，比一比

仔细观察图片，结合生活小常识，在正确答案下面的（　　）里画"√"。

1. 哪串糖葫芦多？

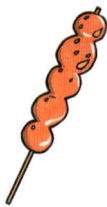

（　　）　　　　　　　　　（　　）

2. 哪个动物小？

（　　）　　　　　　　　　（　　）

仔细观察照片，回答下面的问题。

1. 找一找有几张小兔子的照片，并说一说小兔子最喜欢什么颜色的帽子，你是怎么知道的。

2. 除了胡萝卜，小兔子还喜欢跟什么合影？你能说一下它们的颜色吗？

3. 图片中有两张是小兔子的好朋友的照片，它们都是谁？你知道它们平时最喜欢吃什么吗？

请将下面的生字先描一描，再试着写一写。

白	白	白		

水	水	水		

变	变	变		

自我评价

书写漂亮 ☺☺☺☺　书写较好 ☺☺☺　有待进步 ☺☺

一、读一读，填一填

读句子，选择合适的量词填在相应的（　　）里。

①双　　②朵　　③只　　④匹

1. 从远处跑来一（　　）兔子。

2. 农场里有三（　　）马在吃草。

3. 妈妈有一（　　）漂亮的高跟鞋。

4. 在花园里，我看到了六（　　）玫瑰花。

二、连一连，读一读

仿照例题连线组词，完成后再读一读这些词语。

竹	马	沉	手
响	篮	买	步
大	钱	散	重
金	声	双	卖

将下面的名词与对应的动词连起来。

飞机　　　　买　　　　鞋子

电视　　　　坐　　　　故事

玩具　　　　看　　　　火车

音乐　　　　听　　　　表演

仔细观察示例，并按规则写一写。

例：女 ＋ 马 → 妈

口 ＋ 斤 → □　　　□ ＋ 向 → 响

木 ＋ □ → 林　　　又 ＋ □ → 双

一起来玩词语接龙游戏吧！空白处应该是哪一幅图呢？请你选一选，把序号填在方框中。

 → 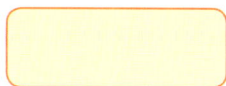 →

 →  →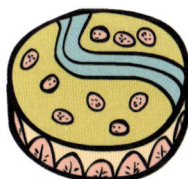

 → 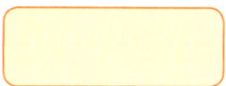 →

①　　　　　　　②　　　　　　　③

读一读,想一想,这些小朋友的做法对吗？对的在(　　)里画"√"，错的在(　　)里画"×"，并说一说为什么。

1. 小明一边走路，一边吃西瓜。　　　　　（　　）

2. 哥哥扶老奶奶过马路。　　　　　　　　（　　）

3. 小梅躺在床上看书。　　　　　　　　　（　　）

4. 乐乐在路边乱丢垃圾。　　　　　　　　（　　）

5. 多多起床后自己穿衣服。　　　　　　　（　　）

仔细观察图片内容,完成后面的题目。

1. 这是一个发生在海边的故事，仔细观察每张图片，在"○"内

   为四张图片排序。

2. 你觉得小猫的做法对吗？为什么？

八、描一描，写一写

请将下面的生字先描一描，再试着写一写。

马	马	马			

买	买	买			

扔	扔	扔			

自我评价

书写漂亮 ☺ ☺ ☺ ☺　　书写较好 ☺ ☺ ☺　　有待进步 ☺ ☺

一、找一找，写一写

仔细观察，每组汉字中哪个汉字与其他的不同呢？请小朋友把那个不一样的字找出来，写在（　　）里。

| 来 | 来 | 夹 | 来 | 来 | （　　） |

| 快 | 快 | 怪 | 快 | 快 | （　　） |

| 安 | 完 | 安 | 安 | 安 | （　　） |

| 里 | 里 | 里 | 角 | 里 | （　　） |

二、读一读，连一连

请帮形容词找到合适的名词，用线连起来吧。

清新的　　干净的　　奇怪的　　洁白的　　安静的

夜晚　　空气　　云朵　　书桌　　声音

选出每组中与例词类别相同的一项，在选项上画"√"。

1. 干干净净

   A. 白茫茫　　　　B. 完完整整　　　　C. 活动活动

2. 一心一意

   A. 十全十美　　　　B. 千千万万　　　　C. 古往今来

3. 绿油油

   A. 跳跳舞　　　　B. 快快乐乐　　　　C. 红艳艳

根据图片，选择正确的量词，圈出来。

一（ 束 / 朵 ）花

一（ 颗 / 棵 ）糖

一（ 个 / 本 ）书

一（ 只 / 群 ）蚂蚁

仔细观察图片，回答下面的问题，再把故事讲一讲。

1. 图片里都有谁?

2. 它们都在干什么?

3. 它们的心情怎么样? 你是怎么知道的?

六、看一看，涂一涂

仔细观察下面的每个字，给偏旁相同的汉字涂上同一种颜色。

蚂　　虾　　娘　　住

明　　好　　姑　　蛇

时　　化　　仁　　旺

　　仔细观察每一幅图片，发挥自己的想象力，让这个故事变得更生动吧。

1. 观察前三幅图，在 4 里画一画这个故事的结局吧！

2. 根据这组图片讲一个小故事。

　　读下面的词语，找到意思相反的对应连一连。

认真　　　快乐　　　安静　　　热情

难过　　　吵闹　　　马虎　　　冷漠

请将下面的生字先描一描，再试着写一写。

门	门	门		
会	会	会		
书	书	书		

自我评价

书写漂亮 ☺☺☺☺   书写较好 ☺☺☺   有待进步 ☺☺

一、写一写，认一认

仿照例子写一写，看一看这个新字你认识吗？

例：木 → 森

日 →

口 →

人 →

石 →

二、读一读，连一连

把可以组成词语的字连起来。

泥　　乡　　时　　城

村　　钟　　土　　市

把汉字与图片对应连一连。

鼻子

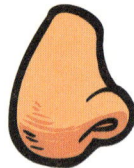

长城

皮球

树林

游戏

脚丫

根据图片想一想，下面的说法对不对？对的在（　　）里画"√"，错的画"×"，并说一说为什么。

熊长得比猴子胖。（　　）

小鸟飞得比老鹰高。（　　）

蜗牛爬得比蛇快。（　　）

读一读下面这首诗，并找出诗中意思相反的字，写在田字格里。

画

远看山有色，

近听水无声。

春去花还在，

人来鸟不惊。

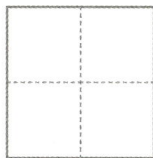

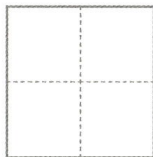

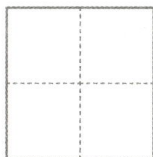

◆说说你还知道哪些反义词。

根据图片，在（　　）里填上相应的序号。

　①　　　　　②　　　　　③　　　　　④

1.（　　　）是夏天最常见的水果。

2.妈妈希望我能学会（　　　）。

3.冬天，我们堆了一个大大的（　　　）。

4.过年了，妈妈在窗户上贴了一个大大的（　　　）。

根据小狗说的话，回答问题。

　　我有两个好朋友，一个长着长长的耳朵，一个长着长长的鼻子。

◆请把小狗的两个好朋友圈出来。

◆你能说一说另外两个小动物有什么特点吗？

认真观察每一幅图片，讲一讲图中的故事，并回答下面的问题。

1.故事的开始发生了什么？（起因）

2.男孩子跑去干什么了？（经过）

3.最后发生了什么？真的着火了吗？（结果）

请将下面的生字先描一描，再试着写一写。

回	回	回		

时	时	时		

乡	乡	乡		

自我评价

书写漂亮 ☺☺☺☺　　书写较好 ☺☺☺　　有待进步 ☺☺

第一阶段测试卷

一、认一认，填一填。（18分）

仔细看图，选出正确的字填在图片下面的横线上。

小____子 　　　　奶____ 　　　　松____

____色的草莓 　　　　____色的西瓜 　　　　____色的轮胎

____舞 　　　　____泣 　　　　哈哈大____

①鼠　②黑　③哭　④跳　⑤红　⑥笑　⑦绿　⑧兔　⑨____

二、读一读，圈一圈。（24分）

用圆圈圈出动物，用方块圈出颜色，用三角圈出动作。

例：（狐）　　　[红]　　　△哭

黄　　　　兔　　　　爬

蚁　　　　蓝　　　　找

黑　　　　喊　　　　狼

走　　　　鼠　　　　吹

七、读一读，填一填。（18分）

仔细阅读下面的文字，完成后面的题目。

小朋友们来到田野里玩耍，这里有红色的小花、白色的小花，还有绿色的小树和小草。蓝蓝的天上飘着三朵洁白的云朵，就像三只小兔子。小朋友们在云朵下面奔跑，玩得很开心。

1. ＿＿＿＿＿＿来到田野里玩耍。

（①小朋友们　　　②老师）

2. 田野里的小花有 ＿＿＿＿＿＿种颜色。

（①三　　　　　　②二）

3. 天上有 ＿＿＿＿＿＿朵白云。

（①三　　　　　　②四）

4. ＿＿＿＿＿＿是绿色的。

（①小草　　　　　②小树　　　　　③小花）

5. 天空是 ＿＿＿＿＿＿色的。

（①绿　　　　　　②白　　　　　　③蓝）

6. 判断对错。

田野里有三只小兔子。（　　　）

三、读一读，选一选。（8分）

请按照左侧汉字提示，找到正确的图片并圈出来。

三个皮球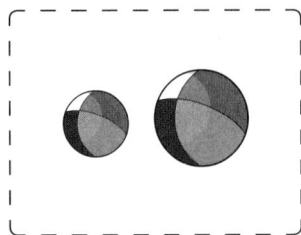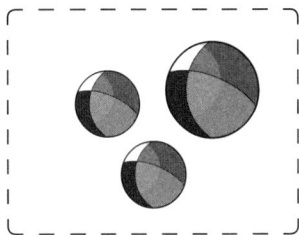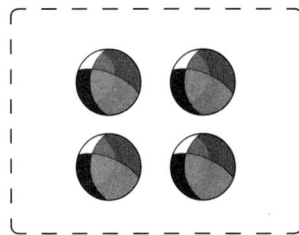

两顶帽子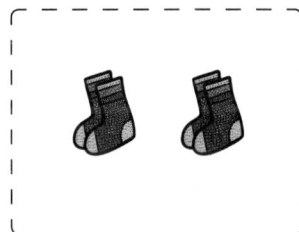

六条鱼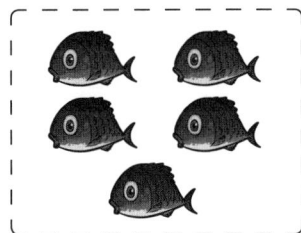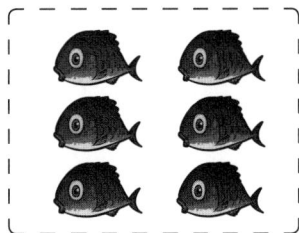

四头奶牛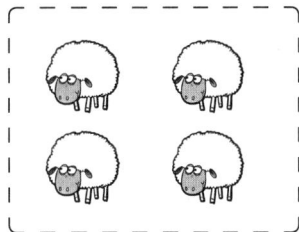

四、读一读，连一连。（10分）

把意思相反的字用线连一连。

大	好	高	粗	松

低	坏	紧	小	细

五、想一想，填一填。（10分）

选择正确的词语填空。

1. 小河是_____的家。

2. 树林是_____的家。

3. 天空是_____的家。

4. 土地是_____的家。

5. 草原是_____的家。

 ①鱼儿　②鸟儿　③种子

④马儿　⑤白云

六、想一想，连一连。（12分）

请将能组成词语的汉字连起来，再找到对应的图片连一连。

妖　　狸

狐　　齿

牙　　包

蚂　　叶

面　　怪

树　　蚁

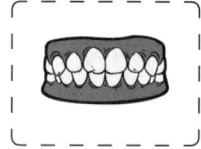

第二阶段测试卷（期中）

一、认一认，填一填。（18分）

仔细看图，选出正确的字填在图片下面的横线上。

小____子　　　　____花　　　　____巴

____生　　　　____觉的小猫　　　　胖胖的小____

小黄____　　　　山____　　　　____葫芦

①睡　②糖　③医　④房　⑤鸭　⑥猪　⑦雪　⑧嘴　⑨羊

二、读一读，圈一圈。（10分）

用圆圈圈出动物，用方块圈出称呼，用三角圈出动作。

例：　（狗）　　　[爷]　　　△敲

羊　　　　妈　　　　爸

飞　　　　猪　　　　挖

鸟　　　　哥　　　　猫

七、读一读，填一填。（21分）

仔细阅读下面的文字，完成后面的题目。

　　我家的农场里有可爱的小猫、胖胖的小猪、活泼的小兔、勇敢的小狗和调皮的小羊。妈妈最喜欢小猫，爸爸最喜欢小狗，爷爷最喜欢小猪，奶奶最喜欢小兔，而我最喜欢小羊，我的小羊名叫石头。

1. 我家的农场里有＿＿＿＿＿种小动物。

　　（①二　　　　　②三　　　　　③五）

2. 石头是＿＿＿＿＿的名字。

　　（①小猫　　　　　②小狗　　　　　③小羊）

3. 找到每个人喜欢的小动物，用线连一连。

我喜欢	可爱的	小猪
爷爷喜欢	调皮的	小兔
奶奶喜欢	胖胖的	小羊
爸爸喜欢	勇敢的	小猫
妈妈喜欢	活泼的	小狗

三、读一读，选一选。（8分）

请按照左侧汉字提示，找到正确的图片并圈出来。

可爱的小狗

牙疼

医院
  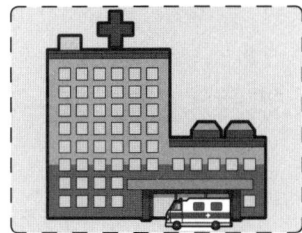

下雪了

四、读一读，连一连。（12分）

把能组成词语的字用线连一连。

温　朋　冰　寒　睡　木

块　暖　风　板　友　觉

五、想一想，填一填。（15分）

读一读，想一想，选出合适的词语填在横线上。

 ①大海　　　②太阳　　　③妈妈　　　④糖果　　　⑤大树

1. 绿色的_____　　　　2. 温暖的_____

3. 亲爱的_____　　　　4. 广阔的_____

5. 甜甜的_____

六、找不同，圈一圈。（16分）

下面每组词语中都有一个是不同类的，请你把它圈出来。

① 　绿色　　　红色　　　黄色　　　变色

② 　老鼠　　　房子　　　蚂蚁　　　兔子

③ 　嘴巴　　　牙齿　　　眼睛　　　朋友

④ 　面包　　　树叶　　　牛奶　　　糖果

第三阶段测试卷

一、认一认，填一填。（18分）

仔细看图，选出正确的字填在图片下面的横线上。

闹_____

_____朵

_____鞋

大_____

_____米

老_____

_____蕉

苹_____

_____奶奶

①玉　②老　③象　④拖　⑤钟　⑥鼠　⑦果　⑧耳　⑨

二、读一读，圈一圈。（20分）

用圆圈圈出身体部位，用方块圈出食物，用三角圈出动物。

例：　⬭耳朵⬭　　▢玉米▢　　△松鼠△

嘴巴　　　　黄豆　　　　蜂蜜

大象　　　　眼睛　　　　蚂蚁

狐狸　　　　肚子　　　　米粥

9

七、读一读，填一填。（15分）

仔细阅读下面的文字，完成后面的题目。

太阳公公落山了，夜晚降临了，月亮升到了天空中，小动物们都回到家里准备睡觉了。只有小猴子还在外面，它找不到回家的路了，伤心地哭了起来。小兔子竖起耳朵，听到了小猴子的哭声，帮助它找到了家。

1. 夜晚的天空没有_____。

（①太阳　　　　②月亮　　　　③星星）

2. 夜晚降临后，_____升上了天空。

（①太阳　　　　②月亮　　　　③气球）

3. _____找不到回家的路了。

（①太阳公公　　②小猴子　　　③小兔子）

4. 是_____听到了小猴子的哭声。

（①月亮　　　　②太阳　　　　③小兔子）

5. 其他的小动物们都准备_____了。

（①吃饭　　　　②玩耍　　　　③睡觉）

三、读一读，选一选。（8分）

请按照左侧汉字提示，找到正确的图片并圈出来。

两只老鼠

晚上

围巾

小草

四、读一读，连一连。（12分）

把能组词的字用线连一连。

◇ 说 ◇　◇ 国 ◇　◇ 生 ◇　◇ 宝 ◇　◇ 士 ◇　◇ 圆 ◇

◇ 气 ◇　◇ 话 ◇　◇ 贝 ◇　◇ 圈 ◇　◇ 王 ◇　◇ 兵 ◇

香

五、想一想，连一连。（12分）

根据图片找到对应的词语，用线连一连。

（滑冰）　（开心）　（喊叫）　（睡觉）　（生病）　（受伤）

六、找一找，圈一圈。（15分）

请找出每组中不能与给出的字组成词语的字，圈出来。

①	今	天	古	石	晚
②	吵	饭	架	争	闹
③	音	声	天	乐	读
④	路	走	小	马	美
⑤	知	长	识	道	己

第四阶段测试卷（期末）

一、认一认，填一填。（18分）

仔细看图，选出正确的字填在图片下面的横线上。

胡 _____ 卜　　　青 _____　　　乌 _____

读 _____　　　两只 _____　　　足 _____

_____ 子　　　跑 _____　　　_____ 水

①脚　②喝　③书　④萝　⑤步　⑥球　⑦鸦　⑧鼻　⑨蛙

二、读一读，圈一圈。（24分）

用圆圈圈出花，用方块圈出动物，用三角圈出动作。

例：⟨牡丹⟩　　　[蚂蚁]　　　△写

丁香　　　乌鸦　　　紫罗兰

听　　　青蛙　　　扔

玫瑰　　　买　　　兔子

抱　　　月季　　　马

七、读一读，填一填。（18分）

仔细阅读下面的文字，完成后面的题目。

今天早上下雪了，鹅毛般的大雪纷纷落下，周围的一切都变成了白色。中午雪停了，我和妹妹穿上棉袄，戴上手套，一起去堆雪人。我们一起努力，堆了个白白胖胖的雪人，真开心呀！

1. 这场雪是在_____停下来的。

（①早上　　　　②中午　　　　③晚上）

2. 我和_____一起去堆雪人。

（①弟弟　　　　②姐姐　　　　③妹妹）

3. 我们戴上_____去堆雪人。

（①帽子　　　　②棉袄　　　　③手套）

4. _____是白白胖胖的。

（①我们　　　　②雪人　　　　③妹妹）

5. 下完雪，周围都是_____色的。

（①白　　　　②红　　　　③蓝）

6. 堆完雪人，我们感到很_____。

（①伤心　　　　②开心　　　　③紧张）

五、读一读，选一选。（10分）

选出合适的词语完成句子，把序号填在横线上。

①雪人　　②小兔子　　③西瓜　　④药　　⑤闹钟

1. 我喜欢在冬天堆_____。

2. 我有一个小_____，它每天早上叫我起床。

3. 夏天，我最喜欢吃的水果是_____。

4. 奶奶生病了，在吃_____。

5. _____爱吃胡萝卜。

六、认一认，连一连。（10分）

认真观察，把汉字与对应的偏旁连起来。

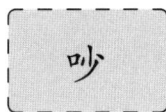

| 喝 | 游 | 渴 | 吵 | 吹 |

口　　氵

| 清 | 响 | 泥 | 听 | 沙 |

三、读一读，选一选。（8分）

请按照左侧汉字提示，找到正确的图片并圈出来。

三本书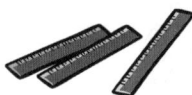

两张桌子

一双鞋

一瓶水

四、读一读，连一连。（12分）

把能组词的字用线连一连。

森　声　响　奇　泥　回

亮　林　土　音　怪　家